고려대 재미있는 한국어

듣기 Listening

고려대학교 한국어센터 편

2

English Version

KU PRESS
고려대학교출판문화원

책을 내며

고려대학교 한국어센터는 1986년 설립된 이래 한국어와 한국 문화를 재미있게 배우고 효과적으로 가르치는 방법을 연구해 왔습니다. 《고려대 한국어》와 《고려대 재미있는 한국어》는 한국어센터에서 내놓는 세 번째 교재로 그동안 쌓아 온 연구 및 교수 학습의 성과를 바탕으로 하고 있습니다.

이 책의 가장 큰 특징은 한국어를 처음 접하는 학습자도 쉽게 배워서 바로 사용할 수 있도록 구성했다는 점입니다. 한국어 환경에서 자주 쓰이는 항목을 최우선하여 선정하고 이 항목을 학습자가 교실 밖에서 사용할 수 있도록 연습 기회를 충분히 그리고 다양하게 제공하고 있습니다.

이 책을 내기까지 많은 분들의 도움을 받았습니다. 먼저 지금까지 고려대학교 한국어센터에서 한국어를 공부한 학습자들께 감사드립니다. 쉽고 재미있는 한국어 교수 학습에 대한 학습자들의 다양한 요구가 없었다면 이 책은 나오지 못했을 것입니다. 그리고 한국어 학습자들의 요구에 부응하기 위해 열정적으로 교육과 연구에 헌신하고 계신 고려대학교 한국어센터의 선생님들께도 감사드립니다.

무엇보다 한국어 학습자와 한국어 교원의 요구 그리고 한국어 교수 학습 환경을 종합적으로 고려한 최상의 한국어 교재를 위해 밤낮으로 고민하고 집필에 매진하신 고려대학교 국어국문학과 김정숙 교수님을 비롯한 저자분들께 깊은 감사를 드립니다. 이 밖에도 이 책이 보다 멋진 모습을 갖출 수 있도록 도와주신 고려대학교 출판문화원의 윤인진 원장님과 직원 여러분께도 감사드립니다. 그리고 집필진과 출판문화원의 요구를 수용하여 이 교재에 맵시를 입히고 멋을 더해 주신 랭기지플러스의 편집 및 디자인 전문가, 삽화가의 노고에도 깊은 경의를 표합니다.

부디 이 책이 쉽고 재미있게 한국어를 배우고자 하는 한국어 학습자와 효과적으로 한국어를 가르치고자 하는 한국어 교원 모두에게 도움이 되기를 바랍니다. 또한 앞으로 한국어 교육의 내용과 방향을 선도하는 역할도 아울러 할 수 있게 되기를 희망합니다.

2019년 7월

국제어학원장 박성철

이 책의 특징

《고려대 한국어》와 《고려대 재미있는 한국어》는 '형태를 고려한 과제 중심 접근 방법'에 따라 개발된 교재입니다. 《고려대 한국어》는 언어 항목, 언어 기능, 문화 등이 통합된 교재이고, 《고려대 재미있는 한국어》는 말하기, 듣기, 읽기, 쓰기로 분리된 기능 교재입니다.

《고려대 한국어》 2A와 2B가 100시간 분량, 《고려대 재미있는 한국어》 말하기, 듣기, 읽기, 쓰기가 100시간 분량의 교육 내용을 담고 있습니다. 200시간의 정규 교육 과정에서는 여섯 권의 책을 모두 사용하고, 100시간 정도의 단기 교육 과정이나 해외 대학 등의 한국어 강의에서는 강의의 목적이나 학습자의 요구에 맞는 교재를 선택하여 사용할 수 있습니다.

《고려대 재미있는 한국어》의 특징

▶ **한국어를 처음 배우는 학습자도 쉽게 배울 수 있습니다.**

- 한국어 표준 교육 과정에 맞춰 성취 수준을 낮췄습니다. 핵심 표현을 정확하고 유창하게 사용하는 것이 목표입니다.
- 제시되는 언어 표현을 통제하여 과도한 입력의 부담 없이 주제와 의사소통 기능에 충실할 수 있습니다.
- 알기 쉽게 제시하고 충분히 연습하는 단계를 마련하여 학습한 내용의 이해에 그치지 않고 바로 사용할 수 있습니다.

▶ **학습자의 동기를 이끄는 즐겁고 재미있는 교재입니다.**

- 한국어 학습자가 가장 많이 접하고 흥미로워하는 주제와 의사소통 기능을 다룹니다.
- 한국어 학습자의 특성과 요구를 반영하여 실제적인 자료를 제시하고 유의미한 과제 활동을 마련했습니다.
- 한국인의 언어생활, 언어 사용 환경의 변화를 발 빠르게 반영했습니다.
- 친근하고 생동감 있는 삽화와 입체적이고 감각적인 디자인으로 학습의 재미를 더합니다.

《고려대 재미있는 한국어 2》의 구성

▶ 말하기 20단원, 듣기 10단원, 읽기 10단원, 쓰기 13단원으로 구성하였으며 한 단원은 내용에 따라 1~4시간이 소요됩니다.

▶ 각 기능별 단원 구성은 아래와 같습니다.

말하기

도입	배워요 1~2	말해요 1~3	자기 평가
학습 목표 생각해 봐요	주제, 기능 수행에 필요한 어휘와 문법 제시 및 연습	• 형태적 연습/유의적 연습 • 의사소통 말하기 과제 • 역할극/짝 활동/게임 등	

듣기

도입	들어요 1	들어요 2~3	자기 평가	더 들어요
학습 목표 음운 구별	어휘나 표현에 집중한 부분 듣기	주제, 기능과 관련된 다양한 듣기		표현, 기능 등이 확장된 듣기

읽기

도입	읽어요 1	읽어요 2~3	자기 평가	더 읽어요
학습 목표 생각해 봐요	어휘나 표현에 집중한 부분 읽기	주제, 기능과 관련된 다양한 읽기		표현, 기능 등이 확장된 읽기

쓰기

도입	써요 1	써요 2	자기 평가
학습 목표	어휘나 표현에 집중한 문장 단위 쓰기	주제, 기능에 맞는 담화 차원의 쓰기	

▶ 교재의 앞부분에는 '이 책의 특징'을 배치했고, 교재의 뒷부분에는 '정답'과 '듣기 지문', '어휘 찾아보기', '문법 찾아보기'를 부록으로 넣었습니다.

▶ 모든 듣기는 MP3 파일 형태로 내려받아 들을 수 있습니다.

《고려대 재미있는 한국어 2》의 목표

일상생활에서 자주 접하는 주제인 자기소개, 건강, 여가 활동, 가족, 여행 등에 대해 이해하고 표현할 수 있습니다. 길 묻기, 옷 사기, 축하와 위로하기 등의 기본적인 의사소통 기능을 수행할 수 있습니다. 한국어의 높임말과 반말의 쓰임을 알고 구별하여 말할 수 있습니다.

About the Textbook

KU Korean Language and *KU Fun Korean* adopt a "task-based approach with forms in consideration". The former integrates language items, language skills, and culture while the latter separates language skills into speaking, listening, reading, and writing.

KU Korean Language composed of 2A and 2B offers a 100-hour language course, and *KU Fun Korean* also contains a 100-hour course for speaking, listening, reading, and writing as a whole. Therefore, using the six volumes of the two together makes up a regular 200-hour language program. In the case of 100-hour short language programs or Korean language courses in overseas universities, these volumes can be selectively used according to the purpose of the program or the needs of the learner.

About *KU Fun Korean*

▶ **The textbook helps even beginners learn Korean in an easy way.**

- The level of target achievement is moderated in accordance with the International Standard Curriculum of Korean Language. It aims to facilitate accurate and fluent use of key expressions.
- By restricting the number of language expressions for input, more focus can be placed on topics and communicative skills while alleviating pressure put on the learner.
- Learners can readily understand what they learn thanks to easy explanations and also immediately apply their knowledge to practice by completing a sufficient number of exercises.

▶ **The textbook is a fun and interesting textbook that can motivate the learner.**

- It addresses the topics and communication skills that the Korean language learner is highly interested in as they are frequently used in real life.
- By reflecting on the characteristics and needs of Korean language learners, practical materials have been developed incorporating meaningful task-based activities.
- It reflects the fast-changing Korean language lifestyle and environment.
- Familiar and engaging illustrations, as well as stereoscopic and stylish design, add fun to learning Korean.

The Composition of *KU Fun Korean 2*

- **It consists of 20 units of speaking, 10 units of listening, 10 units of reading, and 13 units of writing, and each units requires 1-4 hours in tandem with the content.**
- **Units for each communicative function are structured as follows**

Speaking	Introduction	Let's learn 1~2	Speaking 1~3	Self-check
	Learning objectives Let's think	Topic, vocabulary and grammar required for performing communicative functions, and exercise activities	• Exercises that focus on form and meaning • Conversational speaking tasks • Role plays/pair activities/games, etc.	

Listening	Introduction	Listening 1	Listening 2~3	Self-check	Listening more
	Learning objectives Sound discrimination	Listening focusing on vocabulary or expressions	Various types of listening practice related to the topic and communicative functions		Listening exercises on extended expressions and their communicative functions

Reading	Introduction	Reading 1	Reading 2~3	Self-check	Reading more
	Learning objectives Let's think	Reading focusing on vocabulary or expressions	Various types of reading practice related to the topic and communicative functions		reading exercises on extended expressions and their communicative functions

Writing	Introduction	Writing 1	Writing 2	Self-check
	Learning objectives	Sentence-based writing focusing on vocabulary or expressions	Dialogue writing related to the topic and communicative functions	

- **About the Textbook is located in the beginning of the book, and Correct Answers, and Listening Scripts, the Vocabulary and Grammar Index are in the appendix.**
- **All audio files can be downloaded as MP3 files.**

Learning Objectives of *KU Fun Korean 2*

Learners can understand and express their thoughts on the topics related to their daily life, such as self-introductions, health, favorite things, family, and travel. They can perform basic conversational tasks such as asking for directions, buying clothes, and congratulating and consoling someone. They can also discern differences between polite and casual expressions in Korean and speak appropriately according to the situation.

이 책의 특징 About the Textbook

단원 제목 Title of the unit

학습 목표 Learning objectives

- 단원의 의사소통 목표입니다.
  It is the communicative objectives of the lesson.

들어 봐요 Listen

- 음운에 초점을 둔 듣기 연습 활동입니다.
  This listening practice focuses on sound.

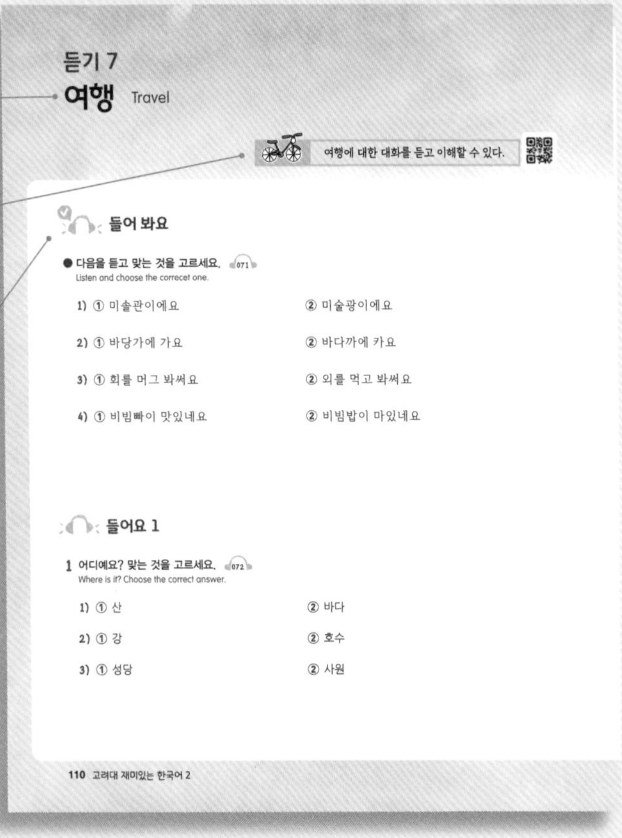

듣기 7

여행 Travel

여행에 대한 대화를 듣고 이해할 수 있다.

들어 봐요

● 다음을 듣고 맞는 것을 고르세요. 071
Listen and choose the correcet one.

1) ① 미솔관이에요 ② 미술광이에요

2) ① 바당가에 가요 ② 바다까에 카요

3) ① 회를 머그 봐써요 ② 외를 먹고 봐써요

4) ① 비빔빠이 맛있네요 ② 비빔밥이 마있네요

들어요 1

1 어디예요? 맞는 것을 고르세요. 072
Where is it? Choose the correct answer.

1) ① 산 ② 바다

2) ① 강 ② 호수

3) ① 성당 ② 사원

110 고려대 재미있는 한국어 2

들어요 2, 3 Listen 2, 3

- 단원의 주제와 기능이 구현된 담화 단위의 의사소통적 듣기 과제 활동입니다.
  This exercise involves a dialogue listening task connected to the topic and purpose of the lesson.
- 들어요 2와 3은 대화 상황, 참여자, 격식 등에 차이를 두었습니다.
  Listen 2 and Listen 3 exercises differ in terms of dialogue context, participants, and formality.

자기 평가 Self-check

- 학습 목표의 달성 여부를 학습자가 스스로 점검합니다.
  Learners evaluate to what extent they have achieved the learning objectives.

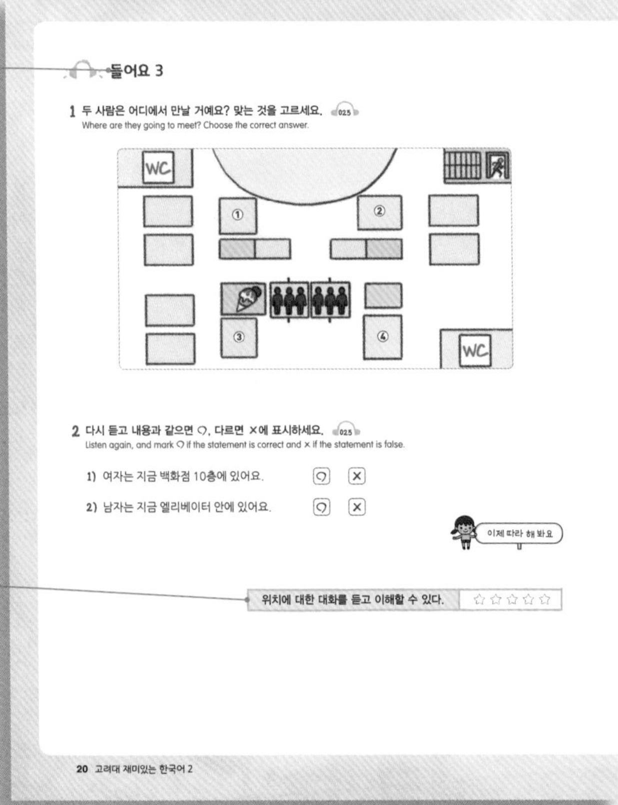

들어요 3

1 두 사람은 어디에서 만날 거예요? 맞는 것을 고르세요. 025
Where are they going to meet? Choose the correct answer.

2 다시 듣고 내용과 같으면 ○, 다르면 ×에 표시하세요. 025
Listen again, and mark ○ if the statement is correct and × if the statement is false.

1) 여자는 지금 백화점 10층에 있어요. ○ ×

2) 남자는 지금 엘리베이터 안에 있어요. ○ ×

이제 따라 해 봐요

위치에 대한 대화를 듣고 이해할 수 있다. ☆☆☆☆☆

20 고려대 재미있는 한국어 2

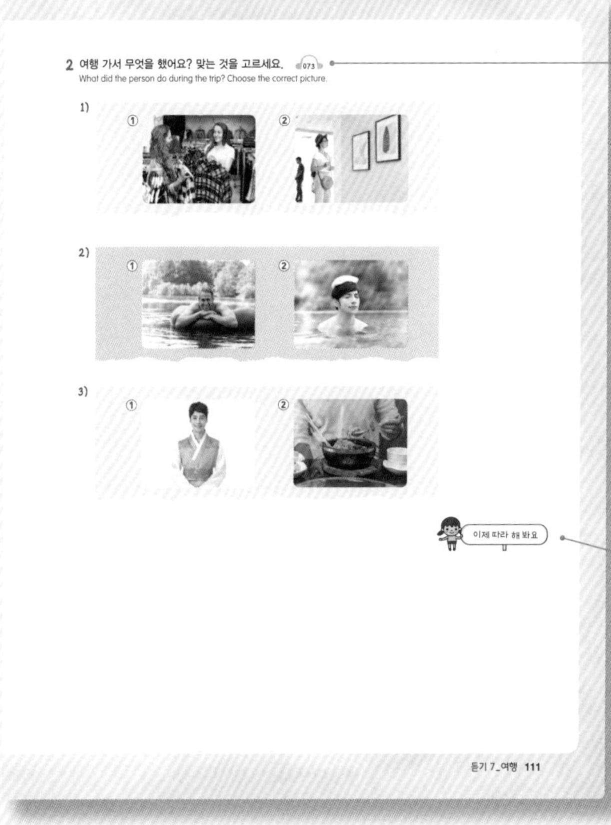
2 여행 가서 무엇을 했어요? 맞는 것을 고르세요. 073
What did the person do during the trip? Choose the correct picture.

1) ① ②

2) ① ②

3) ① ②

이제 따라 해 봐요

듣기 7_여행 111

들어요 1 Listen 1

- 단원의 주제를 표현하거나 기능을 수행하는 데 필요한 어휘 및 문법 표현에 초점을 둔 듣기 연습 활동입니다.
  This listening practice focuses on vocabulary or grammar items essential to understanding the topic of the lesson or performing communicative functions.
- 짧은 대화 단위의 듣기입니다.
  This exercise involves listening short dialogue.

이제 따라 해 봐요

The learner listens to a short dialogue.

- 들은 내용을 따라 하면서 자연스럽게 표현을 익힙니다.
  The learner can learn expressions naturally by listening to and repeating a conversation.

더 들어요

● 이 사람이 가는 곳은 어디예요? 장소 이름을 쓰세요. 026
Where is the person going? Write down the name of the place.

1) 2)

듣기 2_위치 21

더 들어요 Listen more

- 확장된 듣기 과제 활동입니다.
  This is an extended listening task activity.
- 주제와 기능이 달라지거나 실제성이 강조된 듣기입니다.
  The topic or communicative function changes or more practical expressions are used for the listening task.
- 단원의 성취 수준을 다소 상회하는 수준의 듣기로 단원의 목표에는 포함되지 않습니다.
  The difficulty of the listening task is a little higher than the level of the lesson, and therefore, the exercise is not included in the objectives of the lesson.
- 교육 과정이나 학습자 수준에 따라 선택적으로 활동을 합니다.
  The activity is optional depending on the curriculum or the levels of learners.

듣기

Listening

차례 Contents

부록

듣기 1
자기소개 Self-introduction

자기소개를 하는 대화를 듣고 이해할 수 있다.

들어 봐요

● **다음을 듣고 맞는 것을 고르세요.** 011
Listen and choose the correct one.

1) ① 동역가예요　　② 통역가예요

2) ① 꽃 가게를 하요　　② 옷 가게를 혀요

3) ① 애사를 그만두었어요　　② 회사를 구만두었어요

4) ① 종학교에 입학해요　　② 중학교에 입학했어요

들어요 1

1 무슨 일을 해요? 맞으면 O, 다르면 ✕에 표시하세요. 012
What does the person do for a living? Mark O if the statement is true and ✕ if the statement is false.

1) 학생이에요. O ✕

2) 회사원이에요. O ✕

3) 작가예요. O ✕

4) 수영 선생님이에요. O ✕

2 지금 하고 있으면 '지금', 전에 했으면 '전에', 앞으로 할 일이면 '앞으로'에 표시하세요. 013

If the person is doing it now, select 지금, if the person did it before, select 전에, and if the person will do it in the future, select 앞으로.

1) 지금 전에 앞으로

2) 지금 전에 앞으로

3) 지금 전에 앞으로

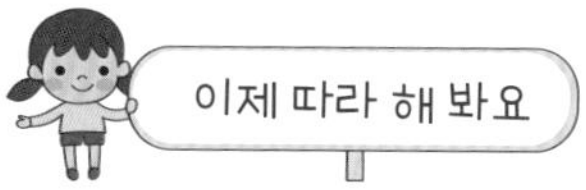

들어요 2

1 남자의 이름과 직업은 무엇이에요? 쓰세요. 014

What is his name and occupation? Write the answer.

이름 [ ] 직업 [ ]

2 다시 듣고 내용과 다른 것을 고르세요. 014

Listen again and choose the incorrect statement.

① 남자는 여자를 대학 때 만났어요.

② 남자는 전에 스페인어를 공부했어요.

③ 남자는 여자한테 스페인어를 배울 거예요.

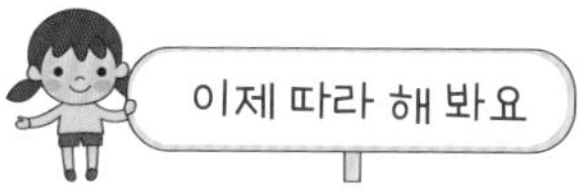

들어요 3

1 이 사람의 나라와 나이를 쓰세요. 015

Write down the nationality and age of the person.

나라 [ ] 나이 [ ]

2 **다시 듣고 내용과 같은 것을 고르세요.** 015
Listen again and choose the correct statement.

① 이 사람은 지금 대학교 2학년이에요.

② 이 사람은 한국에서 고등학교를 다녔어요.

③ 이 사람은 나중에 기자가 되고 싶어 해요.

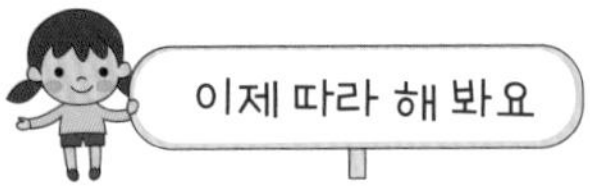

자기소개를 하는 대화를 듣고 이해할 수 있어요?	☆ ☆ ☆ ☆ ☆

더 들어요

● **다음을 듣고 맞는 그림의 번호를 쓰세요.** 016
Listen and write the number of the corresponding picture.

①

②

③

④

1) ______ 2) ______ 3) ______ 4) ______

듣기 2
위치 Location

위치에 대한 대화를 듣고 이해할 수 있다.

들어 봐요

● **다음을 듣고 맞는 것을 고르세요.** 021
Listen and choose the correcet one.

1) ① 이에 있어요　　② 위에 있으요

2) ① 이 층에 이어요　　② 일 층에 있어요

3) ① 안느로 들어가세요　　② 안으로 돌아가세요

4) ① 고실 앞이에요　　② 교실 압이에요

들어요 1

1 어떻게 가요? 맞는 것을 고르세요. 022
How will they go there? Choose the correct answers.

1)

①

②

2)

①

②

3)

①

②

4)

①

②

2 맞는 것을 고르세요. 023

Choose the correct answers.

①

②

③

④

⑤

⑥

1) ______ 2) ______ 3) ______ 4) ______

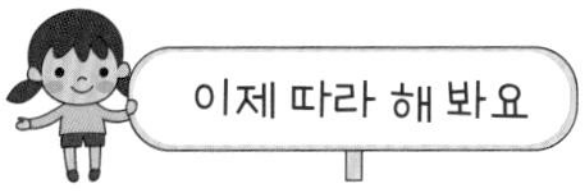

들어요 2

1 여자는 무엇을 찾고 있어요? 쓰세요. 024
What is she looking for? Write the answer.

2 다시 듣고 내용과 같은 것을 고르세요. 024
Listen again and choose the correct statement.

① 남자는 이곳에 처음 왔어요.

② 여자는 불고기를 먹으려고 해요.

③ 여자는 아래로 내려갈 거예요.

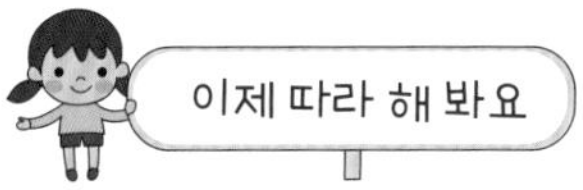

들어요 3

1 두 사람은 어디에서 만날 거예요? 맞는 것을 고르세요. 025

Where are they going to meet? Choose the correct answer.

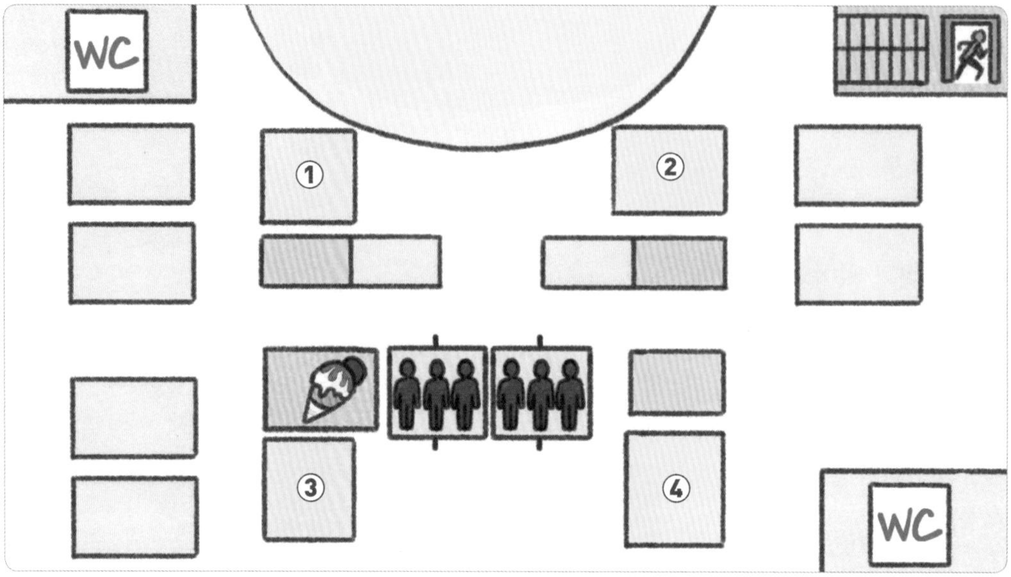

2 다시 듣고 내용과 같으면 ○, 다르면 ×에 표시하세요. 025

Listen again, and mark ○ if the statement is correct and × if the statement is false.

1) 여자는 지금 백화점 10층에 있어요. ○ ×

2) 남자는 지금 엘리베이터 안에 있어요. ○ ×

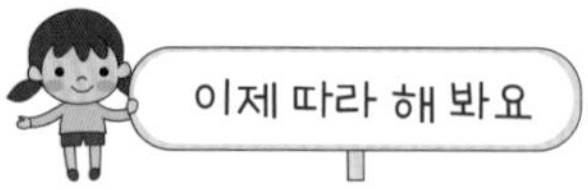

위치에 대한 대화를 듣고 이해할 수 있다.	☆ ☆ ☆ ☆ ☆

더 들어요

● 이 사람이 가는 곳은 어디예요? 장소 이름을 쓰세요. 026

Where is the person going? Write down the name of the place.

1) 

2) 

듣기 3

여가 생활 Leisure Activities

여가 생활에 대한 대화를 듣고 이해할 수 있다.

들어 봐요

● **다음을 듣고 맞는 것을 고르세요.** 031
Listen and choose the correcet one.

1) ① 노래밤에 가요 ② 로래방에 가요

2) ① 춤을 배와요 ② 츰을 배워요

3) ① 비아너를 져요 ② 피아노를 쳐요

4) ① 자전거 다는 것을 좋아해요 ② 차전거 타는 것을 좋아해요

들어요 1

1 다음을 듣고 맞는 것에 표시하세요. 032
Listen and choose the correct expression.

1) 자주 가끔 거의 안

2) 자주 가끔 거의 안

3) 자주 가끔 거의 안

2 무엇을 하는 것을 좋아해요? 쓰세요. 033
What does the person like to do? Write the answers.

1) ______________________ 좋아해요.

2) ______________________ 좋아해요.

3) ______________________ 좋아해요.

이제 따라 해 봐요

들어요 2

1 여자는 요즘 무엇을 배워요? 맞는 것을 고르세요. 034
What is she learning these days? Choose the correct picture.

① 

② 

③ 

④ 

2 다시 듣고 내용과 같은 것을 고르세요. 034
Listen again and choose the correct statement.

① 남자는 여자의 취미를 몰랐어요.

② 여자는 요즘 학교에 자주 안 왔어요.

③ 여자는 매일 수업이 끝나고 학원에 가요.

이제 따라 해 봐요

들어요 3

1 지금 남자의 취미는 무엇이에요? 쓰세요. 035
What is his hobby these days? Write the answer.

2 다시 듣고 내용과 같은 것을 고르세요. 035
Listen again and choose the correct statement.

① 이 사람은 중학생 때 이 운동을 알았어요.

② 이 사람은 앞으로 운동선수가 되고 싶어 해요.

③ 이 사람은 아파서 이 운동을 그만두었어요.

여가 생활에 대한 대화를 듣고 이해할 수 있어요?	☆ ☆ ☆ ☆ ☆

더 들어요

● 다음을 듣고 내용과 같으면 ○, 다르면 ×에 표시하세요. 036
Listen again, and mark ○ if the statement is correct and × if the statement is false.

1) 남자는 베트남어 선생님이에요. ○ ×

2) 남자의 취미는 외국어를 배우는 것이에요. ○ ×

듣기 4
건강 Health

건강에 대한 대화를 듣고 이해할 수 있다.

들어 봐요

● 다음을 듣고 맞는 것을 고르세요. 041
Listen and choose the correcet one.

1) ① 머리가 아빠요 ② 모리가 아파요

2) ① 강기에 거렸어요 ② 감기에 걸렸어요

3) ① 이제 다 나았어요 ② 어제 다 낫았어요

4) ① 계속 노르면 안 돼요 ② 계숙 놀면 안 돼요

들어요 1

1 지금 아파요? 어디가 아파요? 맞는 것을 고르세요. 042
Does the person feel sick now? Where does the person feel sick? Choose the correct answers.

1)

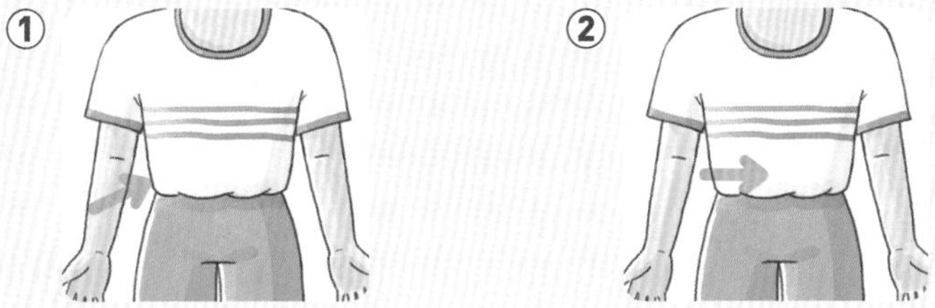

2)

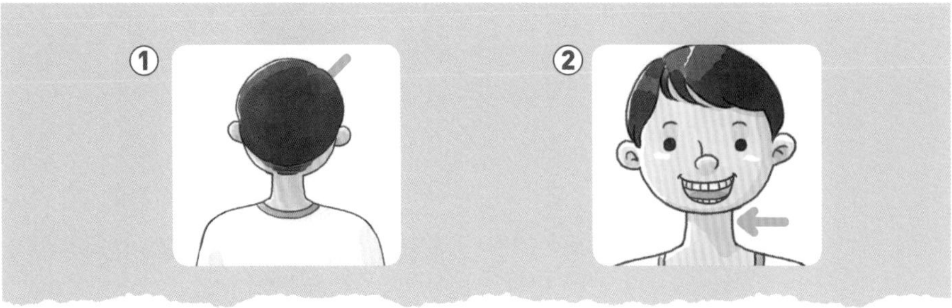

3)

4)

2 해도 되면 ○, 하면 안 되면 ×에 표시하세요.

Mark ○ if it is allowed and × if it is not.

1) ○ ×

2) ○ ×

3) ○ ×

4) ○ ×

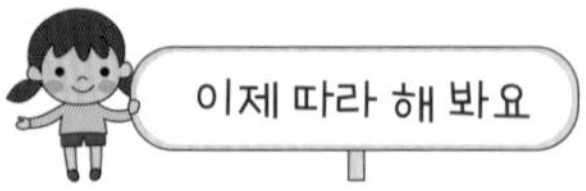

들어요 2

1 여자는 어디가 아파요? 맞는 것을 모두 고르세요. 044

Where does she feel sick? Choose all the correct answers.

2 다시 듣고 내용과 같으면 ◯, 다르면 ✕에 표시하세요. 044

Listen again, and mark ◯ if the statement is correct and ✕ if the statement is false.

1) 여자는 지금도 많이 아파요. ◯ ✕

2) 여자는 어제 병원에 안 갔어요. ◯ ✕

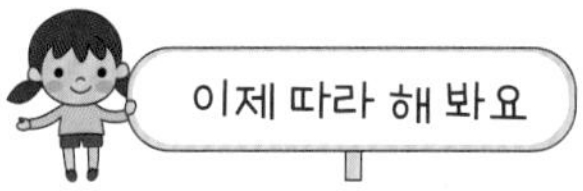

들어요 3

1 다음을 듣고 내용과 같은 것을 고르세요. 045

Listen again and choose the correct statement.

① 여자는 떡볶이를 안 좋아해요.

② 남자는 지금 배가 많이 아파요.

③ 두 사람은 김밥을 먹을 거예요.

2 남자는 왜 배탈이 자주 나요? 다시 듣고 쓰세요. 045

Why does he have a stomachache so often? Listen again and write the answer.

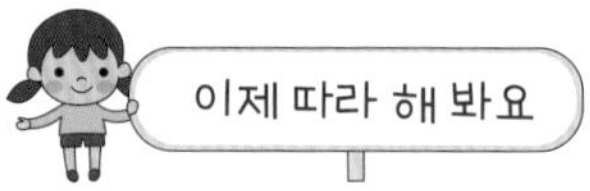

건강에 대한 대화를 듣고 이해할 수 있어요?	☆ ☆ ☆ ☆ ☆

더 들어요

● 스마트폰을 오래 보면 어디가 아파요? 사진에 표시하세요. 046

When you look at your smartphone for a long time, where do you feel sick? Mark the area on the picture.

듣기 5
좋아하는 것 Favorites

좋아하는 것에 대한 대화를 듣고 이해할 수 있다.

들어 봐요

● 다음을 듣고 맞는 것을 고르세요. 051
Listen and choose the correcet one.

1) ① 머리가 짧아요 ② 무리가 짤아요

2) ① 징구는 뚱뚱해요 ② 친구눈 뜬뜬해요

3) ① 바르면 조케써요 ② 밝으면 조게써요

4) ① 시끄럽지만 깨그새요 ② 씨구럽지만 개끗해요

들어요 1

1 어때요? 맞는 것을 고르세요. 052
How is it? Choose the correct answers.

1)

①

②

2)

①

②

3)

①

②

4)

①

②

2 어떤 것을 좋아해요? 맞는 것을 고르세요. 053

What does the person like? Choose the correct answers.

1)

①

②

2)

①

②

3)

①

②

4)

①

②

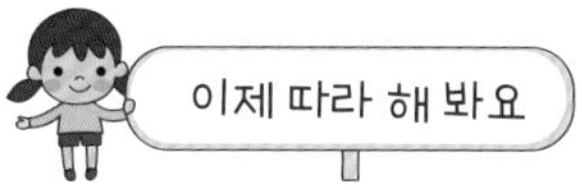

들어요 2

1 여자는 어떤 사람을 만나고 싶어 해요? 맞는 것을 고르세요. 054

What kind of person does she want to meet? Choose the correct answer.

① 성격이 조용한 사람

② 친구를 잘 사귀는 사람

③ 이야기를 잘 듣는 사람

④ 여자하고 성격이 비슷한 사람

2 **여자는 어떤 사람을 좋아해요? 다시 듣고 맞는 것을 고르세요.** 054
What kind of person does she like? Listen again and choose the correct answer.

① 키가 크고 옷을 잘 입는 사람

② 옷은 잘 못 입지만 어깨가 넓은 사람

③ 키는 작지만 얼굴이 잘생긴 사람

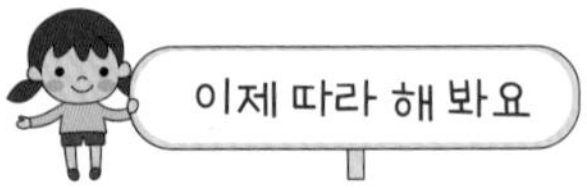

들어요 3

1 **남자는 '갈비탕'을 왜 좋아해요? 쓰세요.** 055
Why does he like 갈비탕? Write the answer.

2 **남자가 말하는 식당은 어떤 곳이에요? 다시 듣고 맞는 것을 고르세요.** 055
Which restaurant is he talking about? Listen again and choose the right statement.

① 시청역에서 가까운 곳이에요.

② 좁아서 오래 기다려요.

③ 일요일에는 사람이 별로 없어요.

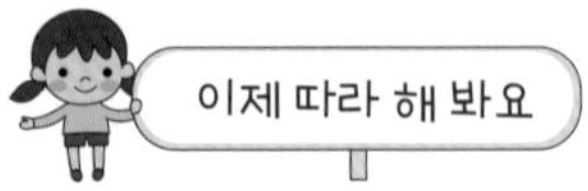

좋아하는 것에 대한 대화를 듣고 이해할 수 있어요?	☆ ☆ ☆ ☆ ☆

더 들어요

● 두 사람이 모두 좋아하는 것은 뭐예요? 고르세요. 056

Which things do both of them like? Choose the correct pictures.

☐ 

☐ 

☐ 

☐ 

☐ 

☐ 

듣기 6

가족 Family

가족을 소개하는 대화를 듣고 이해할 수 있다.

들어 봐요

● **다음을 듣고 맞는 것을 고르세요.** 061

Listen and choose the correcet one.

1) ① 오리 아빠예요 ② 우리 어빠예요

2) ① 지가 막내예요 ② 제가 맙내예요

3) ① 할부지는 안 계세요 ② 할아버지는 안 계시오

4) ① 일름을 써 드렸어요 ② 이름을 쩌 드렸어요

들어요 1

1 다음을 듣고 맞으면 ○, 다르면 ×에 표시하세요. 062

Mark ○ if the statement is true and × if the statement is false

1) 이 사람은 첫째예요. ○ ×

2) 이 사람은 언니가 있어요. ○ ×

3) 이 사람은 아들이 네 명 있어요. ○ ×

2 다음을 듣고 그림과 같으면 ○, 다르면 ✕에 표시하세요. 063

Listen to the conversation and mark ○ if it corresponds with the picture and ✕ if it does not.

1)  ○ ✕

2)  ○ ✕

3)  ○ ✕

4) 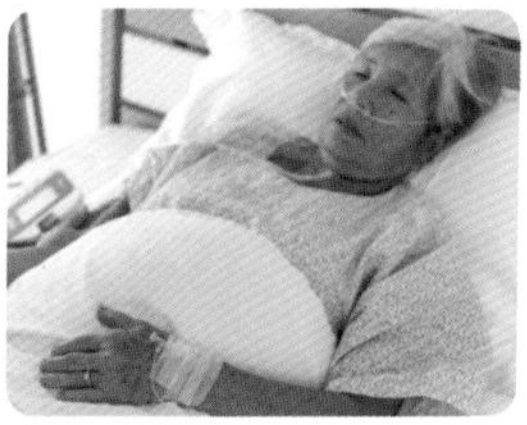 ○ ✕

3 누가 누구한테 줘요? ➜ 표를 하세요. 064

Draw ➜ to indicate who gives to whom.

1)	여자	선생님
2)	지아	여자
3)	하준	하준 아버지

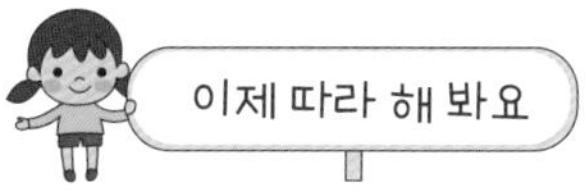

들어요 2

1 여자의 가족은 어떻게 돼요? 그리세요. 065

What family members does she have? Draw them.

2 다시 듣고 내용과 같으면 ○, 다르면 ×에 표시하세요. 065

Listen again, and mark ○ if the statement is correct and × if the statement is false.

1) 여자의 가족은 고향에서 모두 같이 살아요. ○ ×

2) 여자는 가족한테 힘든 일을 말 안 해요. ○ ×

들어요 3

1 **다음을 듣고 내용에 맞는 것을 고르세요.** 066
Listen to the passage and choose the correct picture.

①　②　③

2 **다시 듣고 내용과 같으면 ○, 다르면 ×에 표시하세요.** 066
Listen again, and mark ○ if the statement is correct and × if the statement is false.

1) 이 사람은 형한테 자전거 타는 것을 배웠어요. ○ ×

2) 이 사람의 아버지는 이 사람이 어렸을 때 돌아가셨어요. ○ ×

가족을 소개하는 대화를 듣고 이해할 수 있어요?	☆ ☆ ☆ ☆ ☆

더 들어요

● **다음을 듣고 내용과 같은 것을 고르세요.** 067
Listen to the passage, and choose the choose statement.

① 이 사람은 언니들하고 많이 비슷해요.

② 이 사람의 어머니는 날씬하시고 예쁘세요.

③ 이 사람의 아버지는 키가 작으시고 뚱뚱하세요.

듣기 7
여행 Travel

여행에 대한 대화를 듣고 이해할 수 있다.

들어 봐요

● 다음을 듣고 맞는 것을 고르세요. 071
Listen and choose the correcet one.

1) ① 미솔관이에요 ② 미술광이에요

2) ① 바당가에 가요 ② 바다까에 카요

3) ① 회를 머그 봐써요 ② 외를 먹고 봐써요

4) ① 비빔빠이 맛있네요 ② 비빔밥이 마있네요

들어요 1

1 어디예요? 맞는 것을 고르세요. 072
Where is it? Choose the correct answers.

1) ① 산 ② 바다

2) ① 강 ② 호수

3) ① 성당 ② 사원

2 여행 가서 무엇을 했어요? 맞는 것을 고르세요. 073

What did the person do during the trip? Choose the correct pictures.

1)

① 

② 

2)

① 

② 

3)

① 

② 

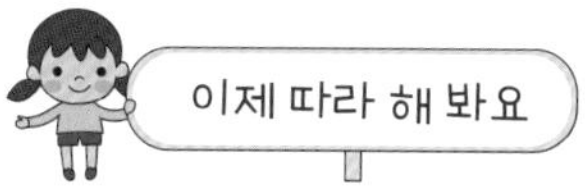

들어요 2

1 **여자가 간 곳을 고르세요.** 074
Choose the place she visited.

① 

② 

③ 

④ 

2 **다시 듣고 다음 질문의 답을 쓰세요.** 074
Listen again and write the answers.

1) 여자는 언제 이곳에 갔어요?

2) 여자가 간 곳은 어땠어요?

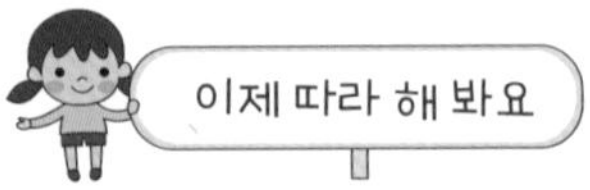

들어요 3

1 남자가 다닌 곳 중 가장 좋은 곳은 어디였어요? 쓰세요. 075
Which place does he like the most? Write the answer.

2 다시 듣고 내용과 같으면 ○, 다르면 ×에 표시하세요. 075
Listen again, and mark ○ if the statement is correct and × if the statement is false.

1) 이 사람은 생일 선물로 자전거를 받았어요. ○ ×

2) 이 사람은 열다섯 살 때 바다에 처음 갔어요. ○ ×

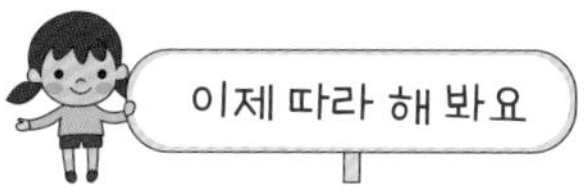

여행에 대한 대화를 듣고 이해할 수 있어요?	☆ ☆ ☆ ☆ ☆

더 들어요

● **다음을 듣고 내용과 같으면 ○, 다르면 ×에 표시하세요.** 076
Mark ○ if the statement is correct and × if the statement is false.

1) 지금은 가을이에요. ○ ×

2) 남자는 전에 남이섬에 가 봤어요. ○ ×

듣기 8

옷 사기 Clothes Shopping

옷 사기에 관한 대화를 듣고 이해할 수 있다.

들어 봐요

● **듣고 맞는 것을 고르세요.** 081

Listen and choose the correcet one.

1) ① 이거로 하게요 ② 이걸로 할게요

2) ① 바란 코트를 입어요 ② 파란 고트를 입어요

3) ① 재킨이 마음에 들어요 ② 재킷이 마음에 들러요

4) ① 안 얼리는 것 같아요 ② 안 어울리는 것 가아요

들어요 1

1 무슨 옷을 사려고 해요? 맞는 것을 고르세요. 082

Which clothes does the person want to buy? Choose the correct answers.

①

②

③

④

⑤

⑥

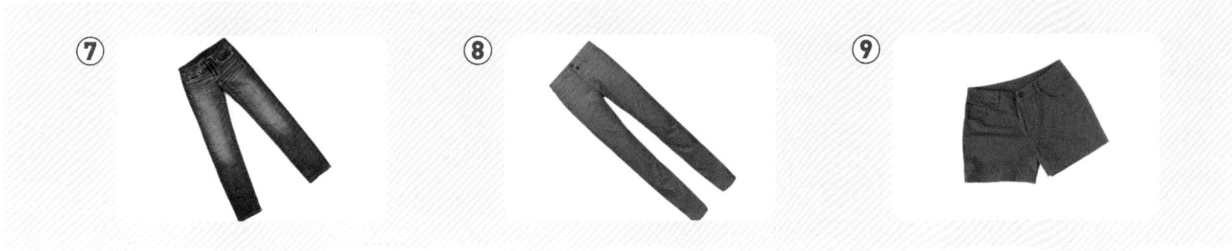

1) ______ 2) ______ 3) ______

4) ______ 5) ______ 6) ______

2 무슨 색 옷을 사요? 맞는 것을 고르세요. 083

Which color clothes does the person want? Choose the correct answers.

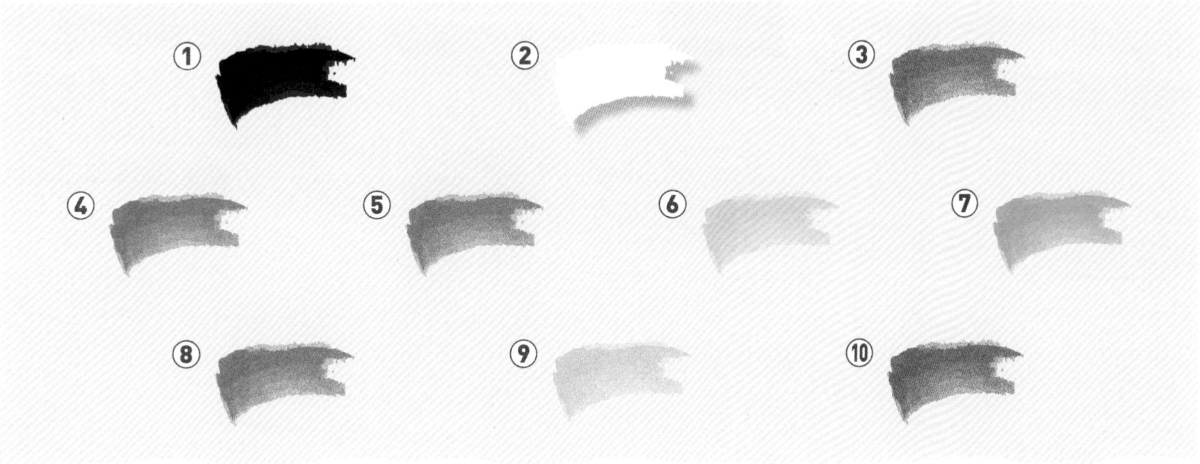

1) ______ 2) ______ 3) ______ 4) ______

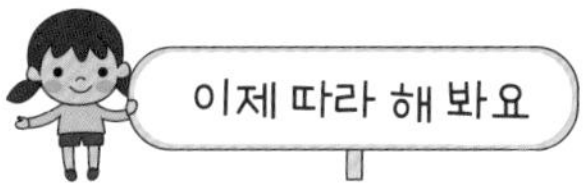

들어요 2

1 다음을 듣고 내용과 같으면 ○, 다르면 ×에 표시하세요. 084

Mark ○ if the statement is correct and × if the statement is false.

1) 여자는 블라우스를 사려고 옷 가게에 갔어요. ○ ×

2) 여자는 처음 본 옷의 색이 마음에 안 들었어요. ○ ×

2 다시 듣고 여자가 산 옷을 고르세요. 084

Listen again and choose the clothes she bought.

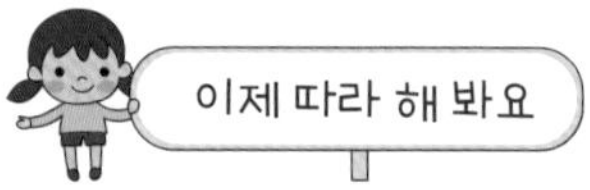

들어요 3

1 남자는 무슨 색의 어떤 옷을 샀어요? 쓰세요. 085

Which color clothes did he buy? Write the answer.

2 다시 듣고 내용과 같은 것을 고르세요. 085
Listen again and choose the correct statement.

① 남자는 옷을 입어 본 후에 샀어요.

② 남자는 따뜻한 옷을 사고 싶었어요.

③ 남자는 셔츠의 색이 마음에 안 들어서 안 샀어요.

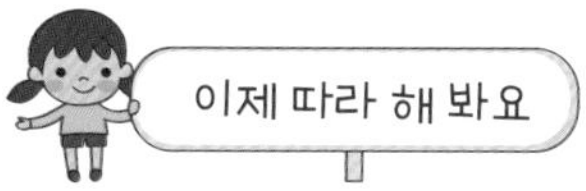

옷 사기에 관한 대화를 듣고 이해할 수 있어요?	☆ ☆ ☆ ☆ ☆

더 들어요

● **다음을 듣고 여자가 좋아하는 사람을 고르세요.** 086
Listen to the conversation and choose the person she likes.

①

②

③

듣기 9
축하와 위로 Congratulations & Consolation

축하하고 위로하는 대화를 듣고 이해할 수 있다.

들어 봐요

● **다음을 듣고 맞는 것을 고르세요.** 091
Listen and choose the correcet one.

1) ① 어떠해요 ② 어떡해요

2) ① 기분이 졌네요 ② 기푼이 좋네요

3) ① 하겨할 거예요 ② 합격할 거세요

4) ① 치직했는데 힘들러요 ② 취즉했는데 힌들어요

들어요 1

1 무슨 일이 있어요? 맞는 것을 고르세요. 092
What has happened to the person? Choose the correct answers.

1) ________ 2) ________ 3) ________ 4) ________

2 기분이 어떤 것 같아요? 맞는 것을 고르세요. 093

How do you think the person feels? Choose the correct answers.

① 화가 나다　　② 걱정되다　　③ 외롭다　　④ 무섭다　　⑤ 행복하다

1) ______　　2) ______　　3) ______　　4) ______

들어요 2

1 남자한테 무슨 일이 있어요? 쓰세요. 094

What has happened to him? Write the answer.

2 다시 듣고 이어질 여자의 말로 알맞은 것을 고르세요. 094

Listen again and choose the appropriate response.

① "실수하면 안 돼요."

② "잘됐네요. 그동안 수고했어요."

③ "다음에는 잘할 거예요. 힘내세요."

④ "축하해요. 앞으로 좋은 일만 있을 거예요."

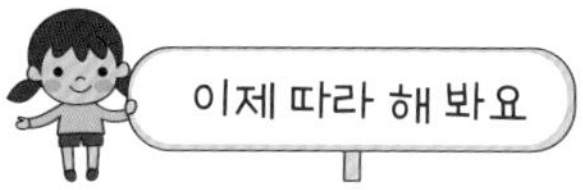

들어요 3

1 여자한테 무슨 일이 있어요? 쓰세요. 095
What has happened to her? Write the answer.

2 다시 듣고 내용과 같으면 ○, 다르면 ×에 표시하세요. 095
Listen again, and mark ○ if the statement is correct and × if the statement is false.

1) 남자는 장학금을 받고 싶었지만 못 받았어요. ○ ×

2) 여자는 앞으로 한국에서 공부를 할 거예요. ○ ×

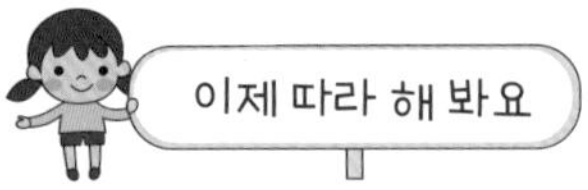

축하하고 위로하는 대화를 듣고 이해할 수 있어요?	☆☆☆☆☆

더 들어요

● 다음을 듣고 내용과 같으면 ○, 다르면 ×에 표시하세요. 096
Mark ○ if the statement is correct and × if the statement is false.

1) 남자는 결혼식에 여자를 초대했어요. ○ ×

2) 여자는 남자의 여자 친구를 전에 만났어요. ○ ×

듣기 10
안부 Saying Hello

안부를 묻는 대화를 듣고 이해할 수 있다.

들어 봐요

● 다음을 듣고 맞는 것을 고르세요. 101
Listen and choose the correcet one.

1) ① 별일 업어요 ② 벼릴 없어요

2) ① 반 친구예요 ② 방 친구네요

3) ① 여락할게 ② 연락할게

4) ① 내일 가티 갈 사람 ② 내일 같이 갈 살람

들어요 1

1 누구예요? 맞는 것을 고르세요. 102
Who are they? Choose the correct answers.

1) ① 친구 ② 룸메이트

2) ① 선배 ② 회사 동료

3) ① 후배 ② 사장님

4) ① 직장 상사 ② 과 동기

2 남자는 요즘 어떻게 지내요? 맞는 것을 고르세요. (103)
How is he getting along these days? Choose the correct answers.

1) ①  ② 

2) ①  ② 

3) ①  ② 

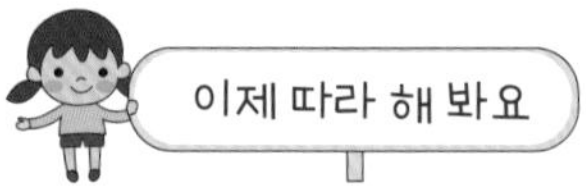

들어요 2

1 여자는 요즘 어떻게 지내고 있어요? (104)
How is she getting along these days? Choose the correct picture.

①  ②  ③  ④ 

2 두 사람은 어떤 사이예요? 쓰세요. 104
What kind of relationship do they have with each other? Write the answer.

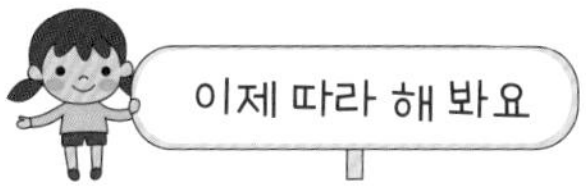

들어요 3

1 남자의 직업은 뭐예요? 쓰세요. 105
What does the man do? Write the answer.

2 다시 듣고 내용과 같으면 ○, 다르면 ×에 표시하세요. 105
Listen again, and mark ○ if the statement is correct and × if the statement is false.

1) 남자는 베트남에서 전화를 했어요. ○ ×

2) 여자는 다니엘하고 연락을 안 해요. ○ ×

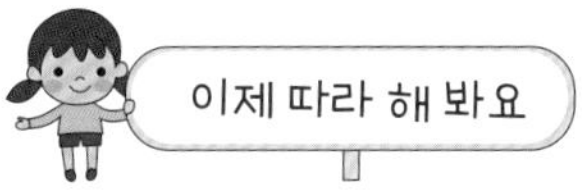

안부를 묻는 대화를 듣고 이해할 수 있어요?	☆ ☆ ☆ ☆ ☆

더 들어요

● 다음을 듣고 내용과 같으면 ○, 다르면 ×에 표시하세요. 106
Mark ○ if the statement is correct and × if the statement is false.

1) 이 사람은 지금 칠레에서 살아요. ○ ×

2) 이 사람은 친구를 만나러 한국에 왔어요. ○ ×

정답

1과 자기소개

● 들어 봐요

1) ① 2) ① 3) ②
4) ②

● 들어요 1

1

1) ○ 2) X 3) X
4) ○

2

1) 지금 2) 전에 3) 앞으로

● 들어요 2

1 이름: 김정호 직업: 공무원
2 ①

● 들어요 3

1 나라: 우즈베키스탄 나이: 19살
2 ③

● 더 들어요

1) ① 2) ③ 3) ④
4) ②

2과 위치

● 들어 봐요

1) ② 2) ② 3) ②
4) ①

● 들어요 1

1

1) ① 2) ① 3) ①
4) ①

2

1) ② 2) ① 3) ⑥
4) ④

● 들어요 2

1 한국 식당
2 ②

● 들어요 3

1 ①
2

1) ○ 2) X

● 더 들어요

1) 영화관 2) 학교

3과 여가 생활

● 들어 봐요

1) ① 2) ② 3) ①
4) ②

● 들어요 1

1

1) 거의 안 2) 자주 3) 가끔

2

1) 운동하는 것을 / 배드민턴 치는 것을
2) 게임하는 것을
3) 자전거 타는 것을

● 들어요 2

1 ③

2 ①

● 들어요 3

1 농구 경기를 보는 것이에요

2 ③

● 더 들어요

1) X　　2) ○

4과 건강

● 들어 봐요

1) ②　　2) ①　　3) ②
4) ②

● 들어요 1

1

1) ②　　2) ①　　3) ①
4) ②

2

1) ○　　2) X　　3) X
4) ○

● 들어요 2

1 ①, ②

2

1) X　　2) ○

● 들어요 3

1 ③

2 매운 음식을 먹어서

5과 좋아하는 것

● 들어 봐요

1) ①　　2) ②　　3) ①
4) ②

● 들어요 1

1

1) ①　　2) ②　　3) ①
4) ②

2

1) ②　　2) ①　　3) ②
4) ①

● 들어요 2

1 ②

2 ①

● 들어요 3

1 안 맵고 맛있어서 좋아해요.

2 ①

● 더 들어요

6과 가족

● 들어 봐요

1) ②　　2) ②　　3) ①
4) ①

● 들어요 1

1

1) X　　2) ○　　3) X

2

1) X　　2) X　　3) ○
4) X

3

1) 여자 ➡ 선생님
2) 지아 ➡ 여자
3) 하준 ⬅ 하준 아버지

- **들어요 2**

1

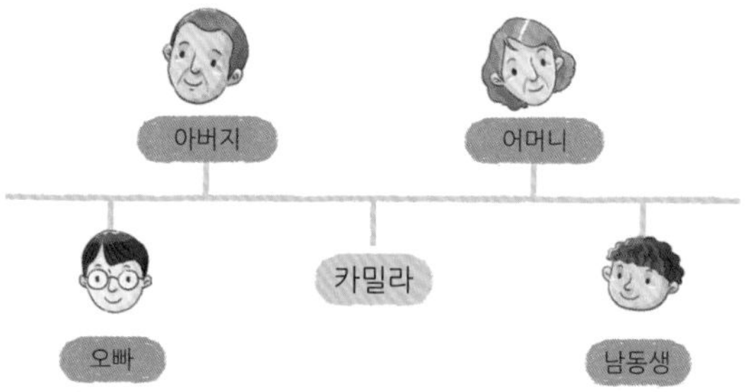

2

1) X　　2) X

- **들어요 3**

1 ②

2

1) X　　2) ○

- **더 들어요**

1 ②

7과 여행

- **들어 봐요**

1) ①　　2) ①　　3) ①
4) ②

- **들어요 1**

1

1) ②　　2) ②　　3) ①

2

1) ①　　2) ②　　3) ①

- **들어요 2**

1 ③

2

1) 지난 주말에 갔어요.
2) 시원하고 사람이 별로 없어서 조용했어요.

- **들어요 3**

1 남한강

2

1) ○　　2) X

- **더 들어요**

1) ○　　2) X

8과 옷 사기

- **들어 봐요**

1) ②　　2) ①　　3) ②
4) ①

- **들어요 1**

1

1) ②　　2) ③　　3) ④
4) ①　　5) ⑧　　6) ⑨

2

1) ③　　2) ②　　3) ⑧
4) ⑥

- **들어요 2**

1

1) X　　2) ○

2 ②

- **들어요 3**

1 남색 스웨터

2 ②

- **더 들어요**

③

9과 축하와 위로

● 들어 봐요

1) ② 2) ② 3) ①
4) ①

● 들어요 1

1

1) ② 2) ④ 3) ①
4) ③

2

1) ② 2) ③ 3) ①
4) ⑤

● 들어요 2

1 취직 시험에 떨어졌어요.

2 ③

● 들어요 3

1 장학금을 받았어요.

2

1) X 2) ○

● 더 들어요

1) ○ 2) X

10과 안부

● 들어 봐요

1) ① 2) ② 3) ②
4) ②

● 들어요 1

1

1) ② 2) ① 3) ②
4) ②

2

1) ① 2) ② 3) ①

● 들어요 2

1 ②

2 선배와 후배 사이예요.

● 들어요 3

1 회사에 다녀요.

2

1) ○ 2) X

● 더 들어요

1) ○ 2) X

듣기 지문

1과 자기소개

들어요 1

012

1) 남 학생이에요?
   여 네, 대학교 3학년이에요.
2) 남 회사에 다녀요?
   여 아니요, 지금 취직 준비하고 있어요.
3) 여 작가예요?
   남 아니요, 번역가예요.
4) 여 무슨 일을 해요?
   남 학생들한테 수영을 가르쳐요.

013

1) 여 숙제했어요?
   남 하고 있어요. 5분 후에는 끝날 거예요.
2) 남 대학생이에요?
   여 아니요, 작년에 졸업했어요.
3) 여 방 청소했어요?
   남 티브이 본 후에 하려고 해요.

들어요 2

014

여 안녕하세요? 저는 카밀라라고 해요. 칠레 사람이에요.

남 아, 카밀라 씨, 올라! 반가워요. 저는 김정호라고 해요.

여 아, 정호 씨. 스페인어를 알아요? 언제 배웠어요?

남 대학 때 잠깐 배웠어요. 그 후에 일이 바빠서 그만두었고요.

여 지금 무슨 일을 해요?

남 공무원이에요. 그런데 내년에 퇴직할 거예요. 퇴직한 후에 스페인으로 여행을 가려고 해요.

여 그래요? 그럼 앞으로 저한테 스페인어를 배울래요?

남 그럼 좋지요.

들어요 3

015

여 안녕하세요? 저는 강 류드밀라라고 해요. 우즈베키스탄 사람이에요. 열아홉 살이에요. 올해 고등학교를 졸업하고 한국에 왔어요. 지금 한국어센터 2급이에요. 4급까지 한국어를 배운 후 대학에 가려고 해요. 미디어를 공부하고 싶어요. 그리고 나중에 기자가 되고 싶어요.

더 들어요

016

1) 남 안녕하세요? 저는 안암초등학교 사학년 박세빈이에요. 저는 앞으로 수영 선수가 되고 싶어요.
2) 여 저는 김혜정이에요. 주부예요. 오전에는 청소하고 음식을 만들어요. 오후에는 중국어 학원에 다녀요.
3) 여 안녕하세요? 저는 한수연이에요. 지금 고등학생이고 내년에 졸업해요. 졸업한 후에 호주로 유학을 가려고 해요.
4) 남 저는 홍원길이라고 합니다. 올해 예순아홉입니다. 이 년 전에 퇴직을 하고 지금은 집에 있어요.

2과 위치

들어요 1

022

1) 여 화장실이 어디에 있어요?
   남 오른쪽으로 가면 돼요.
2) 남 사무실이 어디에 있어요?
   여 삼 층으로 올라가서 왼쪽으로 가세요.
3) 여 여기에 카페가 있어요?
   남 네, 오른쪽으로 돌아가서 똑바로 가세요.
4) 여 이 근처에 은행이 있어요?
   남 네, 밖으로 나가서 오른쪽으로 가면 돼요.

023

1) 여 물 좀 마시고 싶어요.
   남 저기에 정수기가 있어요.
2) 남 이 근처에 편의점이 있어요?
   여 편의점은 없고요, 아래층에 자판기가 있어요.
3) 남 현금인출기가 어디에 있어요?
   여 일 층에 있어요.
4) 여 지금 주차장에 있어요?
   남 아니요, 주차장에서 나왔어요. 정문 앞에 있어요.

들어요 2

024

여 저, 이 건물에 한국 식당이 있어요?
남 네, 있어요. 여기 일 층에도 있고 팔 층에도 있어요.
여 그래요? 둘 다 맛있어요?
남 다 맛있어요. 일 층 식당은 비빔밥이 맛있고, 팔 층 식당은 불고기가 맛있는데 조금 비싸요.
여 오, 불고기가 있어요? 그 식당은 어떻게 가요?
남 저기에서 엘리베이터 타고요, 내려서 오른쪽으로 조금만 가면 돼요.
여 오른쪽이요? 고맙습니다.

들어요 3

025

남 여보세요, 슬기 씨, 저 지금 백화점에 왔어요. 어디에 있어요?
여 저 지금 십 층 카페에 있어요. 세르게이 씨는 지금 어디예요?
남 백화점 정문 근처예요.
여 그럼 여기로 올래요? 정문 근처에 엘리베이터가 있지요?
남 네, 있어요.
여 그걸 타고 십 층으로 올라오세요. 엘리베이터에서 내리면 왼쪽에 아이스크림 가게가 있어요. 아이스크림 가게를 지나서 오른쪽으로 오면 돼요.
남 아이스크림 가게 지나서 오른쪽이요?
여 네, 맞아요.

더 들어요

026

1) 남 앞으로 똑바로 가세요. 사거리에서 왼쪽으로 돌면 은행이 있어요. 은행 지나면 다시 사거리가 나와요. 사거리 지나면 바로 왼쪽에 있어요.
2) 여 앞으로 똑바로 가세요. 두 번째 사거리에서 왼쪽으로 가세요. 집들이 있을 거예요. 집을 지나 사거리를 지나면 오른쪽에 있어요.

3과 여가 생활

들어요 1

032

1) 남 부모님한테 전화를 자주 해요?
   여 아니요, 요즘 바빠서 전화를 거의 안 했어요.
2) 남 요즘 그곳 날씨는 어때요?
   여 날씨가 별로 안 좋아요. 비가 자주 와요.

3) 남 한국 음식을 자주 먹어요?
여 아니요, 보통 중국 음식을 먹어요. 한국 음식은 가끔 먹어요.

033

1) 남 시간이 있을 때 보통 뭐 해요?
여 저는 운동을 좋아해요. 요즘은 친구들하고 배드민턴을 쳐요.
2) 남 취미가 있어요?
여 글쎄요. 게임이요. 게임을 자주 하고 좋아해요.
3) 남 또 자전거 타러 가요?
여 네, 제 취미예요. 이렇게 바람이 불 때 타면 더 좋아요.

들어요 2

034

여 저 먼저 가요. 내일 봐요.
남 오늘도 일찍 가요? 요즘 어디 다녀요?
여 저 요즘 수업 끝나고 K-POP 댄스를 배우러 다녀요.
남 정말요? 페이 씨 춤 추는 거 좋아해요?
여 네, 좋아해요. 그런데 잘 못 춰서 배우는 거예요.
남 어디에서 배워요?
여 학교 앞에 댄스 학원이 있어요.
남 매일 가요?
여 아니요, 일주일에 두 번 가요. 화요일하고 목요일에요.
남 그래요? 페이 씨 춤 추는 거 보고 싶네요.

들어요 3

035

남 저는 농구 선수가 되고 싶었어요. 초등학생 때 티브이에서 농구 경기를 처음 봤어요. 그 후 학교 농구부에 들어갔어요. 매일 농구를 했어요. 그런데 중학교 때 많이 아팠어요. 그래서 농구를 그만두었어요. 그렇지만 지금도 농구를 좋아해요. 시간이 날 때 자주 농구 경기를 봐요. 티브이, 스마트폰으로 보는 것도 좋아요. 그런데 농구 경기장에서 보는 것은 더 좋아요.

더 들어요

036

여 김 선생님, 지금 뭘 보고 있어요?
남 아, 이거요? 베트남어 교재예요.
여 베트남어요? 선생님, 베트남어도 배워요?
남 네, 지난달부터 공부 시작했어요.
여 그럼 학원에 다녀요?
남 아니요, 베트남인 친구가 있어서 친구한테 배워요.
여 선생님, 영어도 잘하고 한국어도 잘하고 이제 베트남어까지. 외국어 공부가 재미있어요?
남 네, 재미있어요. 어렸을 때부터 외국어 배우는 것을 좋아했어요.

4과 건강

들어요 1

042

1) 남 어디 아파요?
여 배가 아파요.
2) 여 머리 아파요?
남 네, 어제부터 계속 아파요.
3) 남 감기에 걸렸어요?
여 네, 열이 나서 좀 힘들어요.
4) 여 오늘도 몸이 안 좋아요?
남 지금은 괜찮아요.

043

1) 남 선생님, 지금 화장실에 가도 돼요?
여 네, 그러세요.
2) 여 오늘은 헬스장에 안 가요?
남 발목을 다쳐서 운동을 하면 안 돼요.

3) 남 점심 먹었어요?
여 배탈이 나서 밥을 먹으면 안 돼요.

4) 여 저 지금 집에 가도 돼요?
남 네, 많이 아프면 먼저 집에 가세요.

들어요 2

044

여 선생님, 어제 학교에 못 와서 미안해요.
남 아, 줄리 씨. 어제 무슨 일 있었어요?
여 몸이 안 좋아서 못 왔어요.
남 많이 아팠어요?
여 네, 목도 아프고 열이 많이 났어요.
남 감기 아니에요? 병원에는 갔다 왔어요?
여 아니요, 집에 약이 있어서 먹었어요.
지금은 좀 괜찮아요.
남 아, 그래요? 많이 아프면 이야기하세요.
여 네, 그럴게요.

들어요 3

045

남 점심에 뭐 먹을까요?
여 떡볶이는 어때요?
남 떡볶이요? 떡볶이는… 제가 매운 것을 잘 못 먹어요. 매운 음식을 먹으면 자주 배탈이 나요.
여 그래요? 그럼 먹으면 안 되지요.
남 미아 씨는 괜찮아요?
여 네, 저는 매운 음식 좋아해요.
영국에 살 때도 자주 먹었고요.
남 그렇군요.
여 그럼 김밥 먹으러 갈래요?
제가 맛있는 김밥 가게를 알아요.
남 김밥 좋아요.

더 들어요

046

여 여러분, 지금 혹시 스마트폰을 보고 있어요? 스마트폰을 너무 오래 보면 건강에 안 좋아요. 먼저 눈이 피곤하고 잠을 잘 잘 수 없어요. 그리고 목이 점점 앞으로 나와서 목, 어깨, 허리도 아파요. 십 분 정도 스마트폰을 보면 잠깐 쉬세요. 그리고 가끔 목과 어깨 운동을 하세요.

5과 좋아하는 것

들어요 1

052

1) 남 교실은 어때요?
여 크고 넓어서 좋아요.

2) 여 가방이 무겁지요?
남 아니요, 가벼워요.

3) 남 여기에서 집이 멀어요?
여 아니요, 가까워요.

4) 여 여기 어때요?
남 좀 시끄러워요. 다른 곳으로 가요.

053

1) 남 차가운 거, 따뜻한 거 어떤 걸 드릴까요?
여 차가운 커피 주세요.

2) 여 떡볶이 안 매워요?
남 저, 매운 것을 좋아해요.

3) 남 눈 오는 날을 좋아해요?
여 저는 비 오는 날을 더 좋아해요.

4) 여 노래하는 것을 좋아해요?
남 노래하는 것은 별로 안 좋아하지만 음악 듣는 것은 좋아해요.

들어요 2

054

남 제니퍼 씨, 요즘 만나는 사람이 있어요?

여 아니요, 왜요?

남 만나는 사람이 없으면 소개하고 싶어서요. 어떤 사람을 좋아해요?

여 저하고 성격이 다른 사람이면 좋겠어요. 사람들하고 잘 사귀고 말도 잘하는 사람을 만나고 싶어요.

남 그래요? 그럼 외모는 어땠으면 좋겠어요?

여 외모요? 키도 크고 다리도 길고 어깨도 넓은 사람? 얼굴은 못생겨도 되지만 옷을 잘 입는 멋있는 사람이면 좋겠어요.

들어요 3

055

남 저는 매운 음식을 잘 못 먹어요. 한국 음식은 매운 것이 많지만 갈비탕은 안 맵고 맛있어요. 고기도 많이 있어서 더 좋아요. 갈비탕을 먹고 싶을 때 저는 시청역 근처에 있는 식당에 가요. 음식이 맛있어서 사람이 많아요. 그래서 식당은 넓지만 기다릴 때가 많아요. 맛있는 갈비탕이 먹고 싶으면 한번 가 보세요. 아, 그런데 일요일은 쉬어요.

더 들어요

056

남 카밀라 씨, 우리 게임 하나 할래요?

여 좋아요. 어떻게 하는 거예요?

남 제가 하나, 둘, 셋 하면 좋아하는 것을 말하는 거예요. 자, 여름, 겨울? 하나, 둘, 셋!

남,여 겨울!

남 와, 같아요. 그럼 다음이요. 긴 머리, 짧은 머리? 하나, 둘, 셋!

남,여 긴 머리!

여 재미있네요. 그럼 이번에는 제가 해 볼게요. 매운 음식, 안 매운 음식? 하나, 둘, 셋!

남 매운 음식!

여 안 매운 음식!

남 카밀라 씨, 매운 음식 싫어해요?

여 저는 매운 음식을 잘 못 먹어요.

6과 가족

들어요 1

062

1) 여 가족이 어떻게 돼요?
   남 부모님하고 형이 두 명 있어요.

2) 남 형제가 있어요?
   여 네, 언니하고 남동생이 있어요.

3) 여 가족이 어떻게 돼요?
   남 아내하고 아들 두 명, 모두 네 명이에요.

063

1) 여 사장님께서 출근하셨어요?
   남 네, 지금 사무실에서 일하고 계세요.

2) 남 할아버지께서 댁에 계세요?
   여 네, 지금 방에서 주무세요.

3) 여 아버지께서는 저녁 드셨어요?
   남 지금 드시고 계세요.

4) 여 할머니 건강은 어떠세요?
   남 다 나으셨어요. 아주 좋으세요.

064

1) 여 이거 누구한테 드릴까요?
   남 선생님께 드리면 돼요.

2) 남 이거 누가 줬어요?
   여 지아 씨가 어제 줬어요.

3) 여 이거 하준 씨가 샀어요?
   남 아니요, 저희 아버지께서 사 주셨어요.

들어요 2

065

남 카밀라 씨는 가족이 어떻게 돼요?

여 부모님하고 오빠 한 명, 남동생 한 명 있어요.

남 오빠랑 남동생은 칠레에 살아요?

여 네, 동생은 부모님하고 같이 살고 오빠는 산티아고에서 혼자 살아요.

남 가족하고 통화는 많이 해요?

여 네, 자주 해요. 어렸을 때는 오빠하고 이야기를 많이 안 했어요. 그런데 한국에 온 후부터는 오빠하고 자주 통화를 해요. 오빠한테 힘든 것을 이야기하면 잘 들어 줘요.

들어요 3

066

남 이 사진은 제가 가장 좋아하는 사진이에요. 여기 자전거 뒤에 있는 사람이 우리 아버지시고 자전거를 타고 있는 아이가 저예요. 그 옆에 있는 사람은 우리 형이고요. 우리 어머니가 찍어 주신 사진이에요. 제가 아버지께 처음 자전거를 배운 날이에요. 우리 아버지는 제가 일곱 살 때 돌아가셨어요. 그런데 사진 속의 아버지는 언제나 저하고 같이 계세요.

더 들어요

067

여 우리 가족은 모두 다섯 명이에요. 부모님, 언니 두 명 그리고 저예요. 아버지는 키가 크시고 체격이 크세요. 조금 뚱뚱하시죠. 어머니는 키가 작으세요. 그런데 날씬하시고 예쁘세요. 우리 언니들은 둘 다 키가 크고 날씬해요. 얼굴도 예뻐요. 그런데 저는? 저는 키가 작고 뚱뚱해요. 얼굴도 안 예뻐요. 제가 가족들에게 이런 이야기를 하면 모두 이렇게 말해요. "아니야, 막내야. 넌 너무 귀여워!"

7과 여행

들어요 1

072

1) 남 부산에서 뭐 했어요?

여 해수욕장에서 수영도 하고 놀았어요.

2) 여 이 사진은 어디에서 찍었어요? 물이 정말 깨끗하네요.

남 우리 고향에 있는 호수에서 찍은 거예요.

3) 남 와, 정말 멋있네요. 성당 안에 들어가도 돼요?

여 네, 들어가도 돼요. 성당 안도 정말 아름다워요.

073

1) 남 부산에서 뭐 했어요?

여 친구하고 같이 쇼핑몰에 갔어요.

2) 여 일본 여행은 어땠어요?

남 재밌었어요. 특히 온천이 좋았어요.

3) 여 민속촌에 가서 뭐 했어요?

남 구경도 하고 한복도 입어 봤어요.

들어요 2

074

남 리나 씨, 뭘 보고 있어요?

여 여행 사진이요. 지난 주말에 경주에 갔다 왔어요.

남 어? 여기 '불국사' 아니에요?

여 맞아요. 예전부터 꼭 이 절에 가 보고 싶었어요.

남 와, 정말 아름답네요. 지난주에 많이 더웠는데 괜찮았어요?

여 네, 여기에 아침에 일찍 갔어요. 아침이라서 시원하고 사람도 별로 없고 절 안이 조용해서 더 좋았어요.

들어요 3

075

남 저는 아직 바다에 못 가 봤어요. 어렸을 때 많이 아파서 병원에 오래 있었어요. 병이 다 나은 후 열다섯 살 생일에 아버지께서 자전거를 선물해 주셨어요. 자전거를 타고 집 근처 여기저기를 다녔어요. 가까운 공원에도 가고 시장에도 갔어요. 지금은 자전거를 타고 먼 곳까지 갈 수 있어요. 제가 다닌 곳 중 가장 좋은 곳은 남한강이에요. 강이 너무 넓어서 바다 같았어요. 다음에는 자전거를 타고 바다에 갈 거예요.

더 들어요

076

남 지아 씨, 여행지 한 곳만 추천해 주세요. 서울에서 가까우면 좋겠어요.

여 음, 남이섬은 어때요? 가 봤어요?

남 남이섬이요? 아니요. 이야기는 많이 들었는데 아직 안 가 봤어요. 거기는 뭐가 좋아요?

여 경치가 정말 아름다운 곳이에요. 지금은 단풍이 들어서 더 예쁠 거예요.

남 그래요? 맛있는 것도 있어요?

여 그럼요. 닭갈비가 유명해요. 꼭 먹어 보세요.

남 알겠어요. 이번에 꼭 가서 먹어 볼게요.

8과 옷 사기

들어요 1

082

1) 여 뭘 찾으세요?
   남 셔츠 있어요?
2) 남 저기요, 점퍼를 하나 사려고 하는데요.
   여 이쪽으로 오세요.
3) 여 뭐 찾으시는 거 있으세요?
   남 정장 좀 보여 주세요.
4) 남 저기요, 이 티셔츠요, 긴 거는 없어요?
   여 네, 그건 짧은 것만 있어요.
5) 여 청바지를 살 거예요?
   남 아니요, 청바지는 많이 있어서 다른 바지를 살 거예요.
6) 남 어떤 것 찾으세요?
   여 반바지를 사려고 하는데요.

083

1) 여 까만색은 어떠세요?
   남 까만색은 많이 있어요. 회색으로 주세요.
2) 남 이 초록색으로 하실래요?
   여 아니요, 흰색으로 할게요.
3) 여 이건 어떠세요?
   남 갈색은 별로네요. 보라색으로 주세요.
4) 여 저기요, 이 원피스 다른 색도 있어요?
   남 네, 파란색하고 노란색도 있어요.
   여 노란색으로 입어 볼게요.

들어요 2

084

여 재킷을 사려고 하는데요.

남 네, 이쪽에서 보세요.

여 이 베이지색 재킷이요. 다른 색도 있어요?

남 네, 여기 파란색하고 분홍색도 있어요.

여 파란색이 예쁘네요. 입어 봐도 돼요?

남 그럼요. 입어 보세요. 손님한테 파란색이 잘 어울리네요.

여 음, 네. 이걸로 할게요.

남 다른 것은 안 필요하세요? 블라우스도 예쁜 게 많은데.

여 아니요, 괜찮아요. 이것만 할게요.

들어요 3

085

여 어서 오세요. 뭘 찾으세요?

남 이 코트 안에 입을 옷을 찾는데요.

여 이런 셔츠는 어떠세요? 그 코트하고도 잘 어울릴 것 같은데.

남 음, 좀 더 따뜻한 것 없어요?

여 따뜻한 거… 그럼 이 스웨터로 하실래요? 가볍고 따뜻해서 다들 좋아하세요. 겨울에도 입을 수 있고요.

남 괜찮은 것 같네요. 다른 색도 있어요?

여 회색하고 남색 있어요.

남 그럼 남색으로 하나 주세요.

더 들어요

086

여 어, 저기 제가 좋아하는 사람이 있어요.

남 누구요? 저기 긴 코트 입은 사람이요?

여 아니요, 저기 모자 쓰고 있는 사람이요.

남 모자 쓴 사람이 많은데, 학교 점퍼 입고 있는 사람이요?

여 아니요, 그 옆에 까만색 티셔츠에 청바지 입은 사람이요.

남 아, 저 사람이요. 멋있네요. 그런데 왜 인사 안 해요?

여 저 사람은 나를 몰라요. 저만 좋아하는 거예요.

9과 축하와 위로

들어요 1

092

1) 남 대학 입학은 어떻게 됐어요?
여 저 합격했어요!

2) 남 왜 그래요? 무슨 일이에요?
여 어떡해요. 저 지갑을 잃어버렸어요.

3) 남 무슨 좋은 일 있어요?
여 저 회사에서 승진했어요.

4) 남 무슨 안 좋은 일 있어요? 얼굴이 안 좋아요.
여 어제 남자 친구하고 헤어졌어요.

093

1) 남 무슨 일 있어요?
여 오후에 시험이 있는데 공부를 많이 못 했어요. 어떡하죠?

2) 남 이번 휴일에 뭐 해요?
여 약속도 없고 그냥 집에서 혼자 있을 거예요.

3) 남 기분 안 좋은 일 있어요?
여 친구가 안 와서 기다리고 있어요. 지난번에도 30분이나 기다렸는데 오늘 또 늦네요.

4) 남 어? 그 꽃 뭐예요? 샀어요?
여 아니요, 조금 전에 민수 씨한테 받은 거예요. 저희 오늘부터 사귀어요.

들어요 2

094

여 상우 씨, 거기에서 뭐 해요? 무슨 일 있어요?

남 저, 이번에 취직 시험에 또 떨어졌어요.

여 아, 어떡해요?

남 정말 가고 싶은 회사였는데.

여 그랬구나. 많이 힘들죠?

남 네, 이번에는 정말 준비도 많이 했고, 시험도 잘 본 것 같았는데. 면접 때 실수를 해서 그런 것 같아요.

들어요 3

095

여 선생님, 선생님. 저 장학금 받아요.

남 어, 정말요? 한국에서 주는 장학금이요?

여 네, 그거요. 조금 전에 한국에서 전화가 왔어요.

남 잘됐네요. 그럼 장학금 받고 한국에서 공부할 수 있겠네요. 다른 친구들은 어떻게 됐어요?
여 다른 친구들은 안 된 것 같아요.
남 이 장학금, 정말 받기 힘든 거라서 그래요. 흐엉 씨가 그동안 열심히 해서 받은 거죠. 정말 축하해요.
여 선생님, 그동안 도와주셔서 고마워요.
남 아니에요. 좋은 소식 알려 줘서 너무 기뻐요.

더 들어요

096

남 줄리 씨, 이거요.
여 이거 뭐예요?
남 저 다음 달에 결혼해요.
여 어머, 축하해요!
남 축하해 줘서 고마워요. 시간 있으면 결혼식에 꼭 오세요.
여 그럴게요. 그런데 여자 친구는 어떤 사람이에요?
남 고향에 있을 때부터 사귄 친구예요. 다음에 같이 한번 봐요.

10과 안부

들어요 1

102

1) 남 저 사람은 누구예요?
 여 제 룸메이트예요.
2) 여 이 사람은 누구예요?
 남 고등학교 선배예요.
3) 남 카밀라 씨 옆에 있는 사람은 누구예요?
 여 카밀라 회사의 사장님이에요.
4) 여 그 사람은 후배예요?
 남 아니요, 과 동기예요.

103

1) 여 하준아, 잘 지냈어?
 남 응, 정신없이 바빴어.
2) 여 요즘 어떻게 지내?
 남 대학원에 가려고 준비하고 있어.
3) 여 별일 없었어?
 남 몸이 좀 아팠어.

들어요 2

104

여 여보세요!
남 양보라, 잘 지냈어?
여 누…구세요?
남 야, 내 목소리도 잊었어? 나 김선우야.
여 선우 선배? 어, 선배, 오래간만이에요. 잘 지내셨어요?
남 그래. 잘 지냈지. 너는? 대학원은 졸업했지?
여 그럼요. 작년에 졸업하고 지금은 회사 다니고 있어요.
남 그래? 잘됐네.
여 선배는 어떻게 지내세요? 아직 그 회사에 다니세요?
남 응, 계속 다니지. 오랜만에 한번 볼래?
여 좋아요. 한번 봐요.

들어요 3

105

남 슬기야, 나 투안이야. 잘 지냈어?
여 어, 투안. 오랜만이다. 너 지금 베트남이야?
남 응, 지금은 베트남인데 다음 주에 한국에 가. 그래서 오랜만에 너하고 친구들 만나려고.
여 어, 그래? 잘됐다. 다음 주가 휴가야?
남 아니, 휴가는 아니고 회사 일하러 가는 거야.
여 난 주말에 시간 괜찮아.
남 그래? 그런데 너 다니엘하고 연락해? 아직 한국에 살고 있지?

여 응, 아직 살고 있어. 이번에 같이 볼까? 내가 연락할게.

남 좋아. 고마워.

더 들어요

106

여 애들아, 안녕! 나 카밀라야. 모두들 그동안 잘 지냈지? 난 칠레에서 잘 살고 있어. 삼 년 전에 결혼했고 작년에 아이도 낳았어. 이 아이가 내 딸이야. 두엔하고는 SNS로 자주 연락하는데, 다른 친구들은 연락이 안 돼서. 모두 잘 있지? 다음에 다시 서울에서 모임을 하면 그때는 나도 꼭 갈게. 모두들 잘 지내!

MEMO

MEMO

고려대 재미있는 한국어 2

English Version

듣기 Listening

초판 발행	2019년 8월 5일
2판 발행 1쇄	2023년 8월 25일
지은이	고려대학교 한국어센터
펴낸곳	고려대학교출판문화원 www.kupress.com kupress@korea.ac.kr 02841 서울특별시 성북구 안암로 145 Tel 02-3290-4230, 4232 Fax 02-923-6311
유통	한글파크 www.sisabooks.com / hangeul book_korean@sisadream.com 03017 서울시 종로구 자하문로 300 시사빌딩 Tel 1588-1582 Fax 0502-989-9592
일러스트	최주석, 황주리
편집디자인	한글파크
찍은곳	네오프린텍(주)
ISBN	979-11-90205-00-9 (세트) 979-11-90205-70-2 04710

값 12,000원
※ 잘못 만들어진 책은 바꿔 드립니다.